LA CATARINA

David M. Schwartz, galardonado autor de libros infantiles, ha escrito libros sobre diversas materias que han deleitado a niños de todo el mundo. El amplio conocimiento de las ciencias y el sentido artístico de Dwight Kuhn se combinan para producir fotografías que captan las maravillas de la naturaleza.

David M. Schwartz is an award-winning author of children's books, on a wide variety of topics, loved by children around the world. Dwight Kuhn's scientific expertise and artful eye work together with the camera to capture the awesome wonder of the natural world.

Please visit our web site at: www.garethstevens.com
For a free color catalog describing Gareth Stevens Publishing's list of high-quality books and multimedia programs,
call 1-800-542-2595. Gareth Stevens Publishing's Fax: (414) 332-3567.

Library of Congress Cataloging-in-Publication Data

Schwartz, David M.
    [Ladybug. Spanish]
    La caterina / David M. Schwartz; fotografías de Dwight Kuhn; [Spanish translation, Guillermo Gutiérrez and Tatiana Acosta]. —
North American ed.
       p. cm. — (Ciclos de vida)
    Includes bibliographical references and index.
    ISBN 0-8368-2992-1 (lib. bdg.)
    1. Ladybugs—Life cycles—Juvenile literature. I. Kuhn, Dwight, ill. II. Title.
    QL596.C65.S3818   2001
    595.76'9—dc21   2001042832

This North American edition first published in 2001 by
Gareth Stevens Publishing
A World Almanac Education Group Company
330 West Olive Street, Suite 100
Milwaukee, WI 53212 USA

Also published as *Ladybug* in 2001 by Gareth Stevens, Inc.
First published in the United States in 1999 by Creative Teaching Press, Inc., P.O. Box 2723, Huntington Beach, CA 92647-0723.
Text © 1999 by David M. Schwartz; photographs © 1999 by Dwight Kuhn. Additional end matter © 2001 by Gareth Stevens, Inc.

Gareth Stevens editor: Mary Dykstra
Gareth Stevens graphic design: Scott Krall and Tammy Gruenewald
Translators: Tatiana Acosta and Guillermo Gutiérrez
Additional end matter: Belén García-Alvarado

Printed in the United States of America

2 3 4 5 6 7 8 9 05 04 03 02

LA CATARINA

David M. Schwartz
fotografías de Dwight Kuhn

TRAMPOLÍN A LA
CIENCIA

Gareth Stevens Publishing
A WORLD ALMANAC EDUCATION GROUP COMPANY

Todo el mundo conoce a este coleóptero de color rojo intenso con puntos negros en el lomo. ¡Es una catarina! Las catarinas pueden ser también negras con puntos rojos, y algunas son anaranjadas con puntos amarillos. Otras no tienen puntos. Hay muchos tipos de catarinas, y todas son bienvenidas en un huerto.

La hembra y el macho se aparean en primavera. Después del apareamiento, la hembra pone sobre una hoja unos huevos de color amarillo brillante. En aproximadamente una semana, sale una diminuta larva de cada huevo.

Las larvas de catarina no se parecen en nada al insecto adulto. Son casi completamente negras, y su cuerpo tiene pequeños pinchos y muchos segmentos. En cuanto salen del huevo, las hambrientas larvas marchan en busca de alimento.

Como a sus padres, a las larvas de catarina les encanta comer pulgones. Una larva usa sus afiladas mandíbulas para aplastar el cuerpo de un pulgón. Luego, le succiona los jugos.

Los pulgones son diminutos insectos que se alimentan de los jugos de las plantas y causan graves daños en cosechas y huertos. Se multiplican con gran rapidez, pero una larva de catarina puede devorar cientos de pulgones. ¡Por eso a los agricultores les gustan tanto las catarinas!

Todo el mundo conoce a este coleóptero de color rojo intenso con puntos negros en el lomo. ¡Es una catarina! Las catarinas pueden ser también negras con puntos rojos, y algunas son anaranjadas con puntos amarillos. Otras no tienen puntos. Hay muchos tipos de catarinas, y todas son bienvenidas en un huerto.

La hembra y el macho se aparean en primavera. Después del apareamiento, la hembra pone sobre una hoja unos huevos de color amarillo brillante. En aproximadamente una semana, sale una diminuta larva de cada huevo.

9

El cuerpo de la larva va haciéndose cada vez más grande, pero su piel no crece. Cuando ya le queda muy estrecha, la larva muda la piel. Debajo, tiene una piel nueva.

Después de la muda, las patas de la larva son de color claro, pero pronto se vuelven negras.

Una larva pasa por tres o cuatro mudas antes de llegar a la siguiente etapa de su vida. Después de su última muda, se adhiere a una hoja. Esta vez, debajo de la anterior piel tiene una envoltura rígida y seca. La larva es ahora una pupa. Dentro de la envoltura, se están produciendo cambios sorprendentes.

Después de una semana, aproximadamente, la pupa se abre, ¡y una catarina adulta sale de su interior! Tiene el cuerpo suave y húmedo, es amarilla y no tiene puntos.

La catarina adulta descansa mientras su cuerpo se endurece y cambia de color. Sus alas delanteras se vuelven rojas y negras. Estas alas cubren su lomo como un caparazón, y se levantan cuando la catarina echa a volar en busca de pulgones.

15

Cuando llega el tiempo frío, las catarinas buscan refugio. Se meten en una pila de hojas o bajo una roca cubierta de musgo y entran en hibernación. Duermen así durante el invierno, formando una pila de color rojo y negro.

En primavera, las catarinas abandonan su refugio y buscan pareja. Y el ciclo de vida de la catarina comienza de nuevo.

¿Puedes poner en orden las siguientes etapas del ciclo de vida de una catarina?

Respuesta

GLOSARIO

adherirse: pegarse una cosa a otra.

aparearse: unirse a otro animal para tener crías.

coleóptero: insecto que tiene dos pares de alas; las alas delanteras, más duras, cubren y protegen las alas traseras, más delgadas.

cosecha: conjunto de plantas que se cultivan para recoger sus frutos cuando están maduros.

etapa: momento en que se produce un hecho significativo en el desarrollo de un animal o de una planta.

hibernación: estado parecido al sueño en que algunos animales pasan el invierno.

húmedo: ligeramente mojado.

larva: fase por la que pasa un insecto inmediatamente después de salir del huevo, en la que carece de alas y tiene aspecto de gusano.

mudar: eliminar una capa externa de piel, plumas o pelo antes de que aparezca una nueva.

musgo: plantas muy pequeñas que crecen formando un manto verde aterciopelado sobre las rocas, los árboles y el suelo en lugares húmedos y sombreados.

pincho: punta afilada.

pulgón: insecto diminuto que causa daños en las plantas succionando sus jugos.

pupa: fase de la vida de un insecto en que la larva se convierte en adulto.

segmento: cada una de las partes o secciones en que está dividido algo.

La mejor amiga del agricultor

A los agricultores les gustan las catarinas porque se comen a los pulgones. Algunas personas llegan a comprar catarinas para ponerlas en sus huertos. Visita una tienda de plantas y busca productos relacionados con las catarinas. Por ejemplo, hay compañías que venden casitas que sirven de refugio a las catarinas en el invierno.

Apunta los puntos

Busca un libro de insectos y mira fotografías de diferentes tipos de catarinas. Cuenta el número de puntitos en cada uno. ¿Cuál tiene más? Anota los que encuentres y escribe el número de puntos. Luego, pon los números en orden para ver si falta alguno en la serie. Para cada número que falte, dibuja una catarina que tenga ese número de puntos y dale un nombre "científico".

Catarina, catarina

Pídele a un adulto que corte por la mitad un pedazo de espuma de estireno con forma de huevo. Pinta cada pedazo de rojo, anaranjado o amarillo y traza una raya negra donde se unirían las alas de una catarina. Después, píntale unos puntitos y pégale unos ojos. Por último, ponle patas y antenas hechas con limpiapipas. Tus catarinas ya están listas para salir volando.

Muchos coleópteros

La catarina pertenece a un grupo de insectos, los coleópteros, del que existen más de 300,000 especies. Busca un libro o una página de Internet donde aparezcan coleópteros. Anota las características comunes a todos los coleópteros. Luego, invéntate uno con esas características y otras que se te ocurran.

Más libros para leer

La mariquita. Gallimard Jeunesse (Ediciones SM)
La mariquita el terror de los pulgones. Cécile Duval (Editorial Milán)
Los insectos. Laurence Mound, A. Mound (Lectorum Publications)
Asombrosos escarabajos. John Still (Lectorum Publications)
La mariquita. Sylvaine Perios (Ediciones SM)

Páginas Web

http://www.lacewings.com/catarinas.htm

Algunas páginas Web no son permanentes. Puedes buscar otras páginas Web usando un buen buscador para localizar los siguientes temas: *pulgones*, *escarabajos*, *insectos* y *mariquitas*.

ÍNDICE